이현아 글 서영 그림

친구가 상처 줄 때 똑똑하게 나를 지키는 법

한빛에듀

> 들어가는 말

★ 똑똑한 아이들의 친구 관계 사용 설명서 ★

상처 주는 말이 쏟아질 땐, 투명 우산을 펼쳐 봐

'왜 나만 안 끼워 주는 걸까?'

'단짝이 날 놀려도, 외톨이가 되기 싫으면 꾹 참아야 할까?'

'하지 말라고 했는데 왜 더 심하게 놀릴까?'

혹시 이런 생각 해 본 적 있니?

친구 때문에 마음에 소나기가 내린 순간 말이야.

선생님은 교실에서

친구 문제로 속앓이하는 아이들을 많이 만나 왔어.

쉬는 시간마다 화장실에 숨어 있는 아이,

친구에게 휘둘리다 지쳐 버린 아이,

상처가 쌓여 마음의 문을 닫아 버린 아이까지.

그 모습을 지켜보면서 마음속에 하나의 질문이 떠올랐어.
'어떻게 하면 이 아이들이 상처받지 않고,
자기 마음을 지키면서 친구와 잘 지낼 수 있을까?'

아이들과 같이 고민하면서
선생님은 관계를 지혜롭게 풀어 가는
특별한 비밀을 알게 되었어.
친구 문제를 잘 해결하는 아이들에게는 공통점이 있었거든.
바로 '똑똑한 투명 우산'을 펼칠 줄 안다는 거야.

친구 관계는 날씨와 닮았어.
쨍한 날도 있지만
예고 없이 비가 쏟아지거나
번개가 칠 때도 있거든.
때로는 생각지도 못한 나쁜 말이
나에게 쏟아져서 마음을 다칠 수도 있어.
이럴 때 투명 우산은 상처 주는 말과 내 마음 사이에
투명하지만 단단한 거리를 만들어 줘.

그런데 우산이 투명한 이유는 뭘까?
갈등을 피하지 않고 있는 그대로 또렷이 들여다보면서도
그 말에 마음이 젖지 않도록 지키기 위해서야.
자기만의 '똑똑한 투명 우산'을 손에 딱 쥔 아이들은
어떤 날씨를 만나도 흠뻑 젖지 않게끔 스스로를 지키면서
빗속을 당당히 걸어 나갈 힘이 있단다.

똑똑하다는 건,
친구와 싸우지 않으면서도 나를 지키는 방법을 아는 거야.
남의 말에 휘둘리지 않고 내 마음을 지킬 줄 아는 것.
그게 진짜 똑똑함이야.
그 힘은 저절로 생기지 않아.
실수하고, 부딪히고, 다시 용기를 내어 연습하면서
조금씩 자라나는 거야.

이 책에는 친구 관계에서 나를 지키는 지혜가 담겨 있어.
- 장난이라면서 심하게 놀리는 친구에게 대처하는 방법
- 친구들이 내 마음을 알아주게 만드는 대화의 기술

- 단체 채팅방에서 괴롭힘을 당할 때 쓰는 특별한 비법
- 상처받지 않고 단호하게 'NO'라고 말하는 법

이 방법들은 선생님이 16년 동안 학교 안팎에서
아이들과 함께 직접 경험하고 공부하면서 하나씩 쌓아 온 것들이야.
선생님을 만난 많은 아이들이 이 방법으로 자기 마음을 지켰단다.
그 투명 우산을 이제 너에게도 건네주고 싶어.

자, 준비됐니?
도망가는 대신, 조금 더 현명하게.
참기만 하는 대신, 조금 더 똑똑하게.
우리 함께
첫 번째 이야기 속으로 들어가 보자.

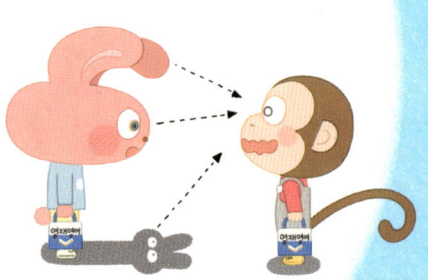

차례

들어가는 말 … 6

01
놀리는 친구에게 하지 말라고 소리쳤더니 더 심하게 놀려요. … 12
✦ 친구가 놀리는 말에 과도하게 흥분할 때

02
친구가 하기 싫은 일을 시키는데 거절을 못 해요. … 16
✦ 친구의 부탁을 거절하지 못할 때

03
친구들이 단체 채팅방에 제 사진을 올려놓고 놀렸어요. … 20
✦ 단체 채팅방에서 놀림을 당했을 때

04
쉬는 시간에 짝꿍이 안 놀아 줘서 화장실에 숨어 있어요. … 24
✦ 친구들과 못 어울려 교실에 있기 힘들 때

05
단짝이 괴롭히는데 외톨이가 되기 싫어서 꾹 참아요. … 28
✦ 단짝 친구가 지속적으로 괴롭힐 때

06
키가 작고 뚱뚱하다고 놀리는 친구들 때문에 주눅 들어요. … 32
✦ 외모로 놀림을 당해 자신감을 잃었을 때

07
친구가 몸을 툭툭 치거나 건드리는 게 불편해요. … 36
✦ 불편한 신체 접촉을 참기만 할 때

08
친구가 뒤에서 거짓말을 퍼뜨리고 나쁜 소문을 내요. … 40
✦ 친구가 거짓으로 나쁜 소문을 퍼뜨릴 때

09
화가 나서 약 올리는 친구를 밀쳐 버렸어요. … 44
✦ 친구에게 화나면 행동으로 표출할 때

10
아이들이 한 친구를 때리는데 무서워서 그냥 보기만 했어요. … 48
✦ 친구가 괴롭힘당하는 걸 보았을 때

똑똑한 친구 사이 체크리스트 ①, ② … 52

부모님께 드리는 말 … 56

01 이럴 때 속상해요

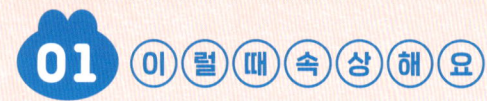

놀리는 친구에게 하지 말라고 소리쳤더니 더 심하게 놀려요.

아침마다 학교에 가는 게 걱정이에요.

교실에 가면 구록이가 내 물건을 마음대로 가져가고,

"필통이 왜 이렇게 꼬질꼬질하냐?"

"너 글씨 진짜 못 쓴다." 하고 틈만 나면 놀리거든요.

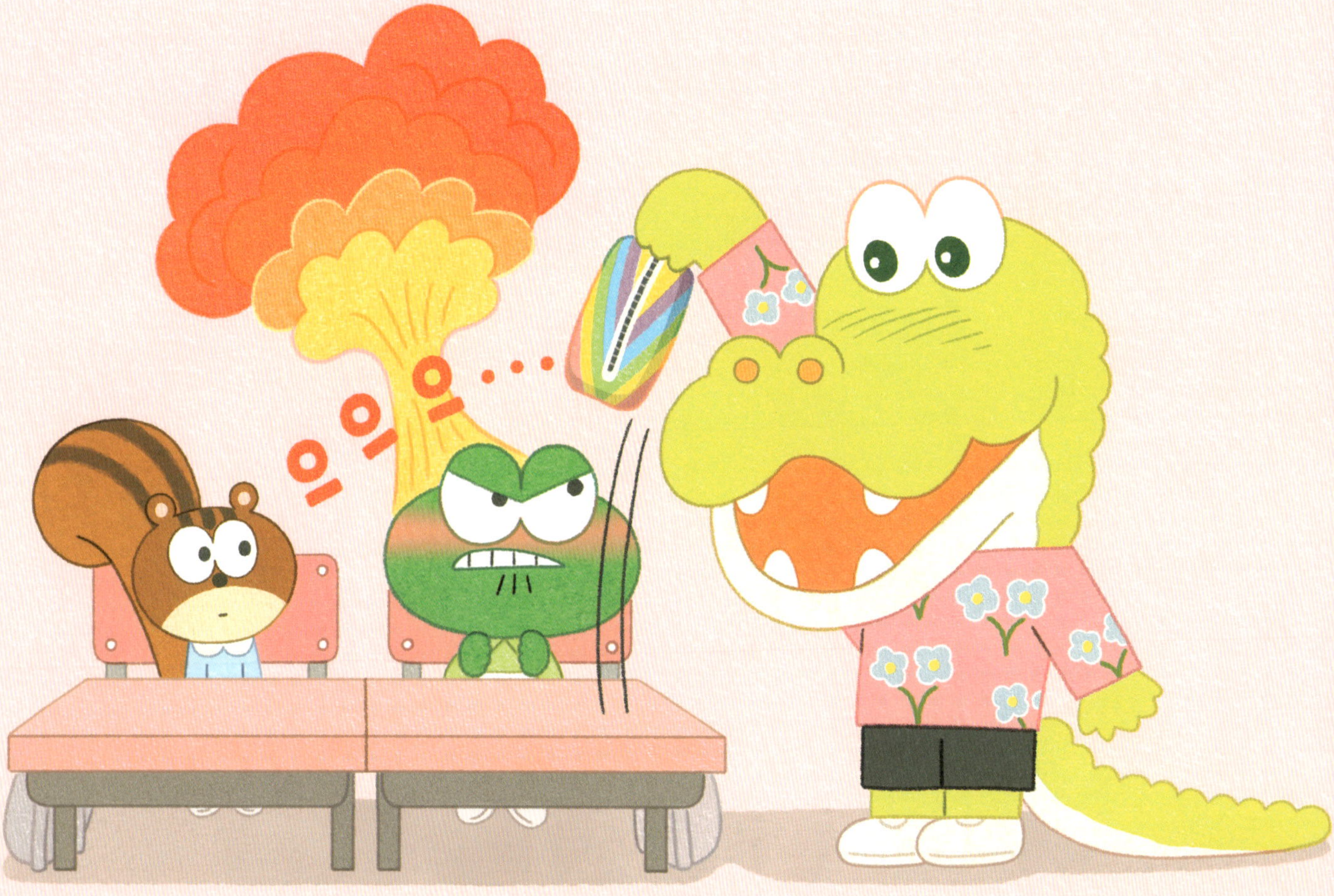

어제는 너무 화가 나서 버럭 소리를 질렀어요.
"야! 너 왜 그래! 너 때문에 짜증 나! 하지 말라고!"
분명히 하지 말라고 말했는데 구록이는 들은 척도 안 해요.
히죽히죽 웃으면서 더 심하게 놀릴 뿐이에요.

 이렇게 해 봐

놀리는 친구에게는 무심하고 담담하게 반응하자

친구가 너한테 불덩이를 던졌을 때

그 불덩이를 온몸으로 받아서 화르르 타오를 필요는 없어.

그럴 땐 먼저 속으로 이렇게 생각해 봐.

'나는 네가 던진 불덩이를 받지 않을 거야.'

친구가 던진 불덩이는 친구에게 돌려주면 돼.

어떻게 돌려주냐고?

오히려 무심하고 담담한 태도로 이렇게 말해 보는 거야.

"아, 너는 그렇게 생각하는구나."

그리고 조용히 자리를 옮겨 봐. 이 말 속에는 많은 의미가 담겨 있어.

'너는 그렇게 생각하는구나. 하지만 나는 네 말에 동의하지 않아.'

'너는 그렇게 생각하는구나. 그렇지만 나는 그 말에 휘둘리지 않을 거야.'

놀리는 친구들이 바라는 것은 네가 속상해하거나 화내는 모습을 보는 거야.

네가 그렇게 반응하지 않으면 점점 흥미를 잃게 될 거야.

무심하게 반응하면 안 되는 경우

이때 주의할 점이 있어.

이런 경우는 무심하게 반응하면 안 돼.

첫째, 친구가 너를 때리거나 위험한 행동을 할 때.

그럴 때는 절대 그냥 넘어가면 안 돼.

곧장 선생님이나 부모님께 알려서 도움을 받아야 해.

둘째, 친구가 장난으로 한 말인데 왜 그러냐고 물을 때.

그럴 때는 친구가 잘못된 행동이라는 걸 알 수 있도록,

단호하게 말해 주는 게 좋아.

"남의 외모나 특징을 놀리는 건 예의 없는 행동이야.

앞으로는 그러지 말아 줘."

02 이럴때속상해요
친구가 하기 싫은 일을 시키는데 거절을 못 해요.

숭호랑 검희는 저랑 같은 학원에 다녀요.

학원 가기 전에 같이 노는데

요즘 숭호가 자꾸 싫은 부탁을 해요.

매일 이런 식으로 말하고 제 문제집을 베껴요.
너무 기분이 나쁜데 부탁을 들어주지 않으면
나만 빼놓고 놀까 봐 거절을 못 해요.

# 이렇게 해 봐

말끝을 흐리지 말고 단호하게 거절하자

'이렇게 안 하면 너랑 안 놀 거야.'

이런 말을 들으면 거절하기가 쉽지 않아.

싫다고 했다가 친구 관계가 틀어질까 봐 걱정도 되고 말이야.

하지만 친구가 원한다고 해서 늘 맞춰 줄 필요는 없어.

그럴 땐 싸우지 않으면서 네 마음이 분명하게 전달되도록 이렇게 말해 봐.

"미안한데, 그건 어렵겠어."

친구에게 '지금 그 말은 좀 지나쳤어.'라고 선을 명확히 알려 주는 거지.

중요한 건 말끝을 흐리지 말고 단호하게 말하는 거야.

한 걸 음 더 나 아 가 기

똑똑하게 거절하는 법

만약 단호하게 거절했는데도 친구가 계속 강요하면, 좀 더 지혜롭게 말해 보자.

그냥 "싫어."라고만 하는 대신 도와줄 수 있는 범위를 확실하게 말해 주는 거야.

"어렵거나 모르는 문제가 있으면 물어봐. 그건 내가 설명해 줄게."

도와주고 싶은 마음은 있지만 '내가 할 수 있는 건 여기까지야'라고

선을 명확히 알려 주는 거야.

목소리가 작아도 괜찮아. 용기 내 보는 거야.

말이 잘 안 나올 때는 거울 앞에서 혼자 연습해 봐도 좋아.

처음엔 쑥스럽고 어색해도 연습할수록 점점 더 자연스러워질 거야.

03 이럴 때 속상해요

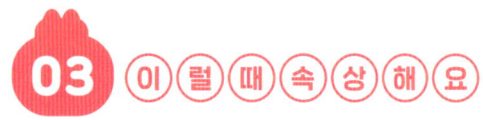

친구들이 단체 채팅방에 제 사진을 올려놓고 놀렸어요.

검희가 제 사진을 몰래 찍고 낙서를 해서
허락도 없이 단체 채팅방에 올렸어요.
친구들이 비웃는 댓글을 달면서 놀렸어요.

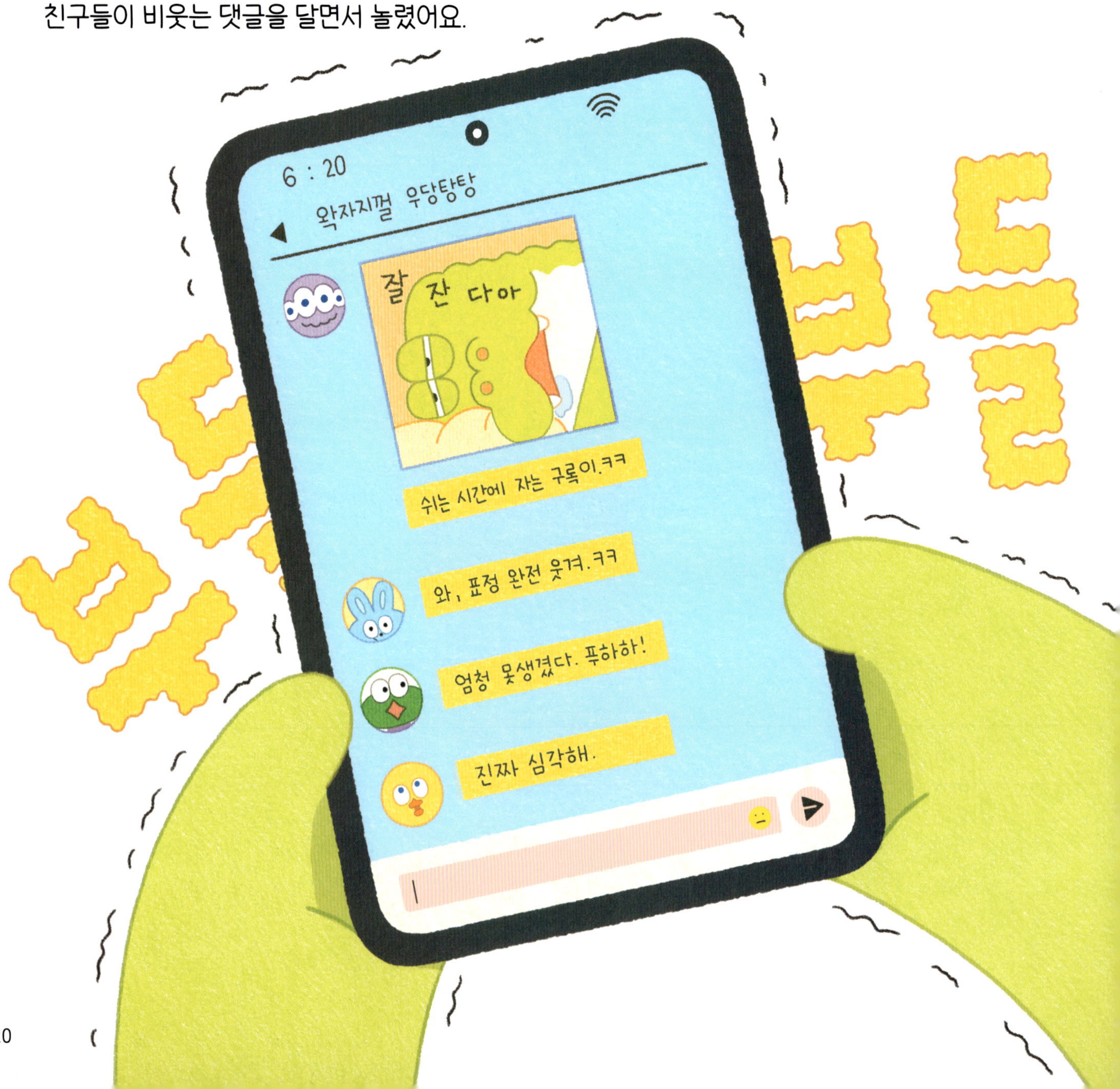

저는 너무 민망하고 화가 났어요.
그런데 장난스러운 댓글이 마구 올라오는 와중에
기분 나쁜 티를 내기가 어려웠어요.
이대로 채팅방을 나가야 할까요?
어떻게 해야 할지 모르겠어요.

 이렇게 해 봐

친구들이 괴롭힌 기록을 남겨 둬

단체 채팅방에 사진을 올려놓고 놀리면 정말 속상하지.

그럴 땐 바로 채팅방을 나가기 전에 이렇게 말해 보자.

"허락 없이 사진을 올리는 건 예의가 아니야. 난 이 사진 때문에 정말 속상했어."

네 기분을 차분하고 분명하게 전하는 게 중요해.

그래도 친구가 사과하지 않는다면 어른의 도움이 필요할 수 있어. 그럴 땐 먼저 기록을 남겨 둬.

사진이 올라온 날짜와 시간을 메모하고 관련된 메시지와 댓글을 캡처해 두자.

'9월 15일 저녁, 검희, 토준, 아리와 주고받은 메시지'

이렇게 모아 둔 기록은 어른에게 도움을 요청할 때 중요한 자료가 될 수 있어.

만약 교실에서 일어난 일이라면, 옆에서 본 친구에게

"선생님께 이야기할 때 같이 있어 줄 수 있어?"라고 부탁하는 것도 좋아.

믿을 수 있는 어른에게 도와 달라고 해

속상하다고 채팅방에서 바로 화를 풀려고 하면 오히려 더 큰 싸움이 날 수 있어.

만나서 말할 땐 표정이나 말투 덕분에 괜찮은 말도,

온라인에서 주고받으면 오해가 생기기 쉽거든.

친구를 똑같이 놀리려고 댓글을 달거나

보복성 글을 올리는 것도 좋지 않은 방법이야.

혼자 해결하기 어렵다는 생각이 들면

선생님이나 부모님처럼 믿을 수 있는 어른에게 도와 달라고 해.

특히 채팅방에서 나쁜 소문을 퍼뜨리거나

여럿이 한 친구를 괴롭히고 욕하는 건 장난이 아니라 심각한 일이야.

꼭 어른에게 알리고 함께 해결해야 해.

04 이 럴 때 속 상 해 요

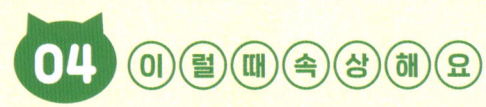

쉬는 시간에 짝꿍이 안 놀아 줘서 화장실에 숨어 있어요.

요즘 쉬는 시간이 싫어요.

쉬는 시간에 짝꿍 아리가 저랑 놀아 주지 않아요.

"너는 안 돼! 여기 오지 마!"라고 하면서

다른 친구들과 놀 때도 끼워 주지 않아요.

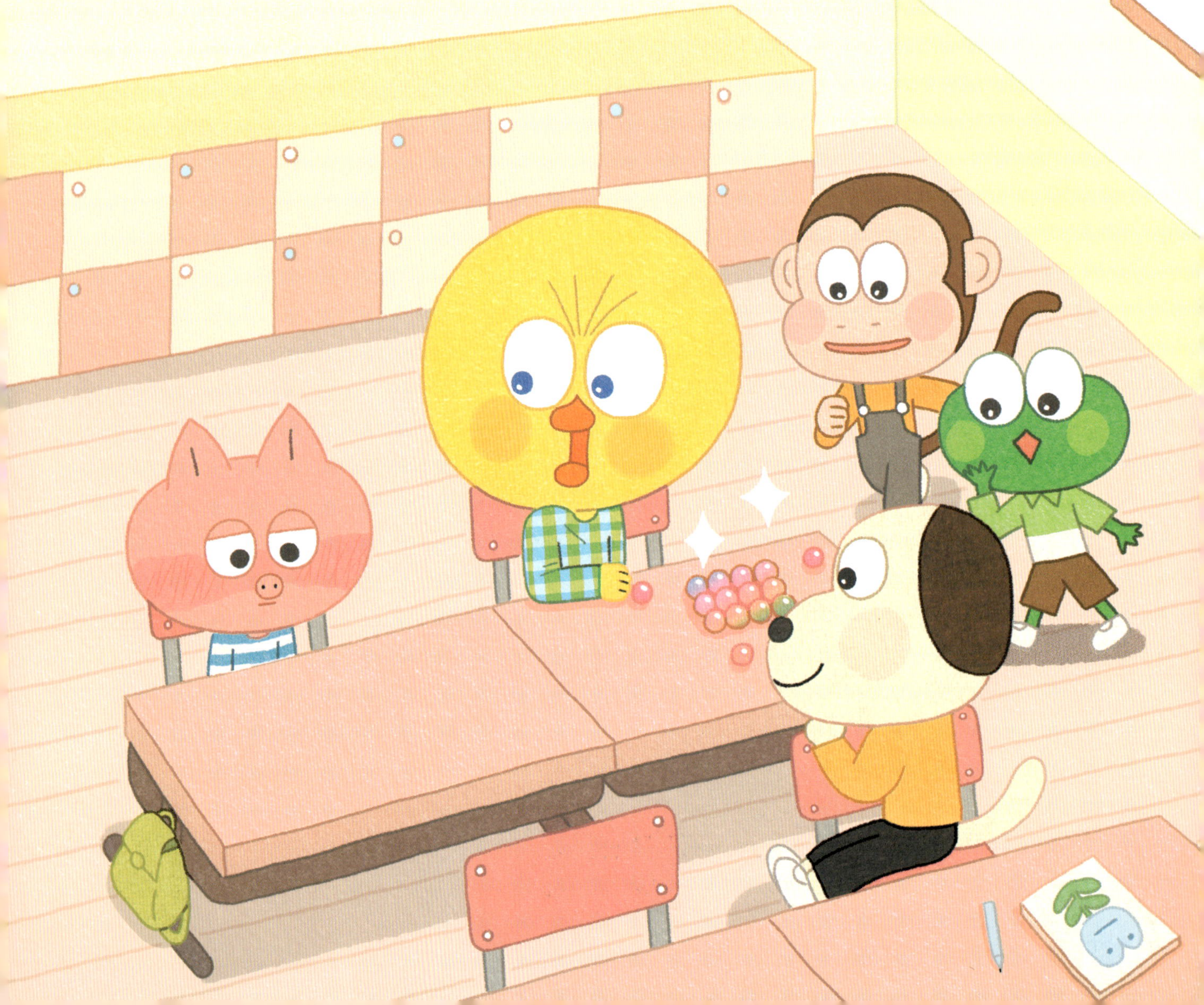

어제는 너무 속상해서 복도로 나가 구석에서 울었어요.
쉬는 시간 10분이 저에게는 너무 길게만 느껴졌어요.

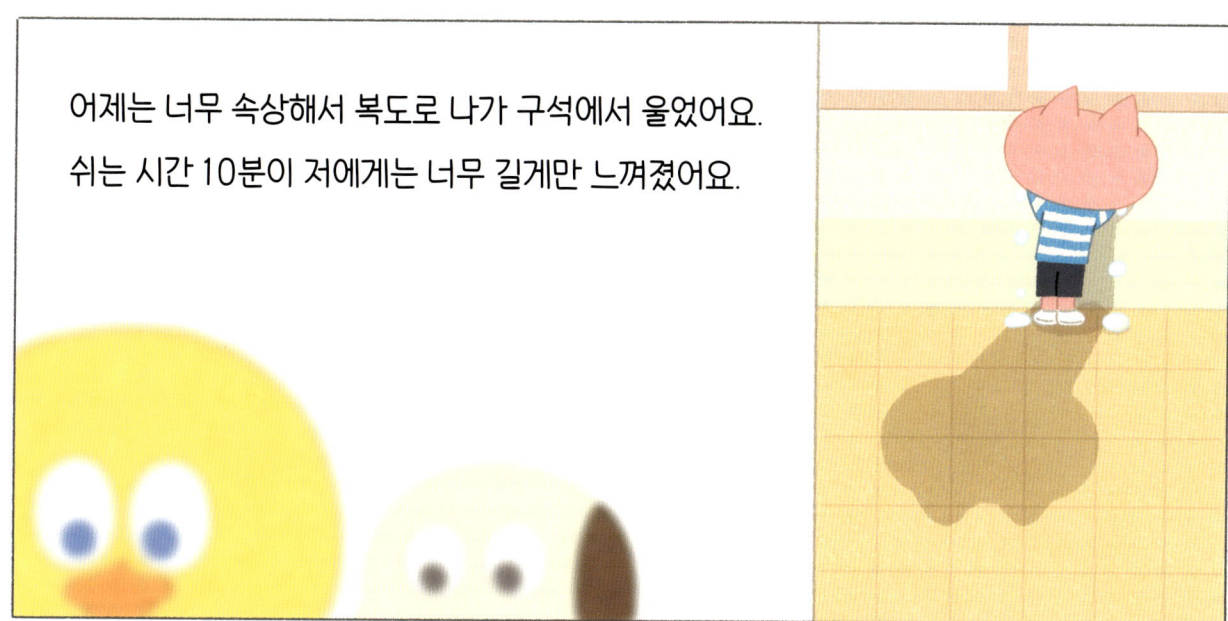

오늘은 쉬는 시간이 끝날 때까지
몰래 화장실에 숨어 있었어요.
춥고 냄새나는 화장실에
혼자 있으려니 눈물이 났어요.

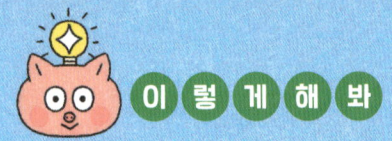 이렇게 해 봐

너를 보호할 수 있는 안전한 곳으로 가

친구들 때문에 속상하고 괴로울 때,
꼭 그 자리에 계속 있어야 하는 건 아니야.
그럴 땐 너를 안전하게 지켜 줄 수 있는 곳에 잠시 가 있는 것도
마음을 돌보는 좋은 방법이 될 수 있어.
학교 안에서 네 마음이 편안해지는 장소를 하나 정해 두는 거야.
속상한 일이 생겼을 때 언제든 찾아갈 수 있는
너만의 안전지대를 마련해 두는 거지.
안전한 공간을 확보하는 건 결코 도망치는 게 아니야.
조금이라도 덜 다치도록 네 마음을 보호하는 거야.

마음이 편안해지는 장소를 찾아봐

예를 들어 교실 안에서는 선생님 책상 근처가 조용하고 안전한 자리가 될 수 있어.

교실 밖이라면 도서관, 상담실, 보건실에서 잠시 마음을 가라앉힐 수 있지.

쉬는 시간에는 친한 친구가 있는 다른 반 교실에 잠깐 들르는 것도 괜찮아.

물론 힘들다고 매번 자리를 피하는 건 좋은 방법이 아닐 수도 있어.

하지만 마음이 너무 흔들릴 때 잠시 멈추고 숨을 고를 수 있는 공간이 있다면,

다시 돌아와 마주할 용기를 내는 데 큰 도움이 될 거야.

도서관

상담실

보건실

친한 친구네 교실

05 이럴 때 속상해요

단짝이 괴롭히는데 외톨이가 되기 싫어서 꾹 참아요.

단짝 친구 개울이와는
유치원에 다닐 때부터 친했어요.
저는 개울이 말고는
학교에 아는 친구가 없어요.
그런데 요즘 개울이가 저를 자꾸 괴롭혀요.
저번 체육 시간에 개울이가
제 운동화를 몰래 숨겨 놓았어요.

저는 그것도 모르고
운동화를 찾느라 허둥대다가
운동장에 늦게 나갔어요.
개울이는 다른 친구들과 웃으면서
떠들고 있었어요.

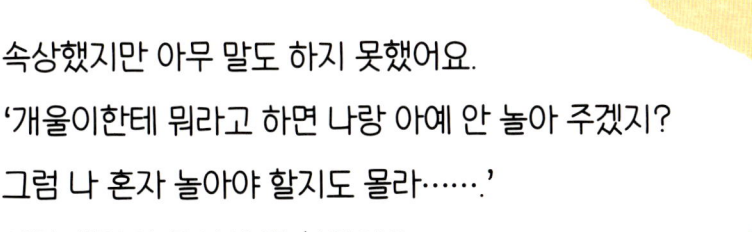

속상했지만 아무 말도 하지 못했어요.
'개울이한테 뭐라고 하면 나랑 아예 안 놀아 주겠지?
그럼 나 혼자 놀아야 할지도 몰라······.'
이런 생각이 들어서 꾹 참았어요.

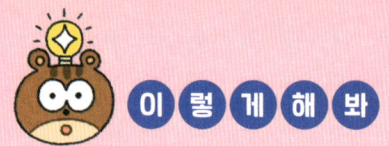

새로운 친구에게 먼저 다가가서 관계를 넓혀 보자

친구를 사귈 때는 한 명의 단짝 친구에게만 의지하는 것보다
여러 친구와 골고루 어울리는 것이 좋아. 한 명의 친구에게만 의지하면
그 친구와 맞지 않는 일이 생기거나 다투었을 때 너무 힘들어질 테니까.
친구 관계가 넓어지면 단짝 친구에게도 한결 편안하게 대할 수 있을 거야.
아직은 아는 친구가 별로 없어서 어렵겠지만 먼저 한번 다가가 보자.
생각지도 못했던 친구와 마음을 터놓고 친해지는 계기가 될 수 있어.

우리 친구 할래?

사실은 나도 너랑 친해지고 싶었는데,
네가 늘 단짝 친구랑 다녀서
말을 못 걸었어.
먼저 손 내밀어 줘서 고마워.
우리 친하게 지내자.

비슷한 점이 있는 친구를 사귀어 봐

어떻게 새로운 친구를 사귀어야 할지 막막하다면
먼저 나와 비슷한 관심사를 가진 친구를 찾아봐.
도서관에서 관심 있는 분야의 책을 읽는 친구에게 말을 걸어 볼 수도 있고,
동아리나 방과 후 수업 때 같은 취미를 가진 친구를 만날 수도 있어.

그 친구들과 마음 터놓고 이야기하고
점심 시간을 함께 보내기도 하면서 관계를 점점 더 넓혀 나갈 수 있어.

06 이럴때속상해요
키가 작고 뚱뚱하다고 놀리는 친구들 때문에 주눅 들어요.

친구들이 키가 작고 뚱뚱하다고 놀려요.
내가 좋아하는 체육 시간에도
아이들이 자꾸 이렇게 불러서 주눅이 들어요.

뚱뚱한 땅콩!

어이, 뚱돌이.

땅꼬마.

미니 두돌!

이번 체육 시간에는 아프다고 거짓말을 하고
운동장에 나가지 않았어요.
저도 키가 크고 날씬해지면 좋겠어요.

 이렇게 해 봐

당당하고 자신감 있는 태도를 연습해 보자

외모를 놀리면 누구나 마음이 상해.
누군가의 외모를 가지고 놀리는 건 절대 해서는 안 되는 일이야.
그건 그 사람의 소중한 모습을 함부로 대하는 거니까.
이럴 때는 움츠러들기보다 당당하고 자신감 있는 태도를 연습해 보자.
당당한 태도 앞에서는 친구들도 너를 쉽게 놀릴 수 없어.

자세를 바르게 하기
어깨와 등을 펴고 똑바로 서 봐.
고개를 들고 자신 있게 걸어 보자.
자세만 당당하게 바꿔도
자신감이 생기는 걸 느낄 수 있어.

분명한 목소리로 또박또박 말하기
친구들이 놀릴 때 분명하게 말해 보자.
"그렇게 말하면 기분 나빠."
단순한 한마디지만, 괴롭힘을 당하는 순간에
이렇게 말하기는 어려워. 그래서 연습이 필요해.

> 한 걸 음 더 나 아 가 기

나 자신을 먼저 사랑하자

마지막으로 한 가지,

마음이 움츠러들고 주눅이 들 때는

나 자신에게 이렇게 말해 줘.

나는 내 모습 그대로도
충분히 괜찮아.

나를 괴롭히는 건
그들의 잘못이지, 내 잘못이 아니야.

나에게는
좋은 점이 정말 많아.

너는 이 세상에 하나밖에 없는 가장 귀하고 특별한 사람이야.

07 이럴 때 속상해요
친구가 몸을 툭툭 치거나 건드리는 게 불편해요.

짝꿍 바울이랑 놀 때 한 가지 힘든 점이 있어요.
나를 부를 때 아무렇지도 않게 몸을 건드리고,
이야기할 때도 몸을 툭툭 쳐요.

그럴 때마다 불편하고 부담스러운데,
혹시 싫은 티를 내면 기분 나빠 할까 봐 꾹 참아요.

노...올자

바울이랑 노는 건 재미있지만
허락 없이 내 몸을 건드리는 건 싫어요.

# 이렇게 해 봐

명확하게 선을 그어서 말하고 약속을 정하자

싫다고 하면 친구가 실망할까 봐 할 말을 못 할 때가 있어.
그럴 때 혼자서 끙끙 앓기만 하면 상대방은 네가 얼마나 속상한지 알 수 없어.
무엇이 싫은지 명확하게 선을 그어 말해야 친구도 네 마음을 알 수 있단다.
용기를 내서 친구에게 불편한 점을 말해 보면 어떨까?
불편한 점을 말하고 조심해 달라고 부탁한다고 해서 친구 관계가 끊어지지 않아.
오히려 서로를 더 깊이 이해하는 기회가 될 수 있어.

바울아, 나는 너랑 노는 게 좋아. 그런데 네가 몸을 툭툭 건드리면 불편해서 자꾸 움츠리게 돼. 네가 싫은 게 아닌데 혹시라도 네 기분이 상할까 봐 말을 못 했어.

그랬구나. 네가 이렇게 불편해하는 줄 몰랐어. 말해 줘서 고마워. 앞으로는 조심할게.

선을 그어서 말하기가 너무 어려울 때

다양한 상황에서 명확하게 선을 그어 말하기를 연습해 보자.

친구가 내 물건을 함부로 써서 속상하다면, 이렇게 얘기해 봐.

말로 하는게 어렵다면 편지를 써도 돼.

지난번에 내가 색연필을 빌려주었을 때

일주일이 지나도 네가 돌려주지 않아서 속상했어.

좋은 마음으로 빌려준 건데

색연필이 2개나 부러져 있어서 사실 엄청 실망했어.

너에게 물건을 빌려주고 싶지만

또 돌려받지 못하거나 망가져 있을까 봐 걱정이 돼.

앞으로는 우리 약속을 정해 보면 어떨까?

먼저, 내 물건을 빌려 가면 아껴서 써 주면 좋겠어.

그리고 다음날까지는 꼭 돌려주었으면 해.

이걸 지켜 준다면 언제든 기쁘게 빌려줄게.

08 이럴때속상해요
친구가 뒤에서 거짓말을 퍼뜨리고 나쁜 소문을 내요.

포롱이가 뒤에서
제가 하지도 않은 말을 퍼뜨려요.

제가 다른 친구를
험담했다는 거짓말을 하고,
제 성격이 이중적이라고 소문을 내요.
제 글의 일부를 캡처해서
단체 채팅방에 올리고
나쁜 뜻으로 쓴 것처럼 몰아가요.

저랑 친하게 지냈던 아이들도 저를 오해하고,
이제는 저를 피하는 아이들도 생겼어요.
모두가 저를 나쁜 아이로 보고 싫어하는 것 같아요.
학교에 가는 게 무서워요.

 이렇게 해 봐

혼자 끙끙 앓지 말고, 용기 내어 진실을 밝히자

거짓말을 하고 나쁜 소문을 내는 건 심각한 폭력이야.

이런 상황에서 침묵하면 문제를 더 키울 수 있어.

이럴 때는 진실을 밝히고 나에 대한 오해를 풀어야 해.

01 사실 확인하기
거짓말이라는 걸 보여 줄 수 있는 흔적을 모아 보자.
단체 채팅방 화면을 캡처하거나 함께 있었던 친구들의 말도 기록해 두자.

02 차분하게 상황을 살펴보기
친구가 왜 거짓말을 했을지 생각해 보자.
혹시 뭔가 오해가 생긴 걸까?
차분하게 상황을 살펴보고
친구에게 할 말을 준비해 두자.

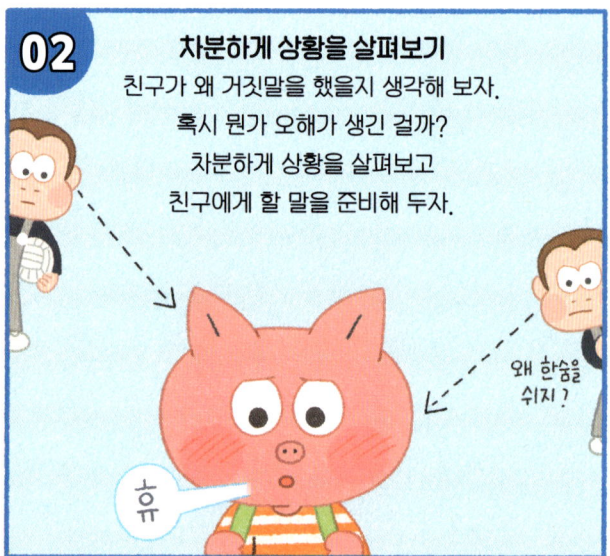

03 대화로 풀기
용기를 내어 거짓말한 친구에게 말해 봐.
어렵다면 글로 써서 전달해도 괜찮아.

도와 달라고 부탁하기

혼자서 해결하기 어려우면 네 편이 되어 줄 친구나 선생님께
도와 달라고 부탁해 봐. 너는 절대 혼자가 아니야.
도와줄 사람이 곁에 있다는 것을 기억하고 용기를 내서 말해 보자.

진실을 알고 있는 친구에게

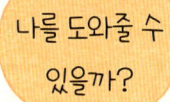

선생님께

09 이럴 때 속상해요
화가 나서 약 올리는 친구를 밀쳐 버렸어요.

토리는 제가 달리기를 잘 못한다고 느림보라고 놀려요.
어제는 축구를 할 때 토리랑 제가 같은 편이 되었어요.
"아, 느림보랑 같은 편이라니 진짜 싫다."
토리가 인상을 찌푸리면서 큰 소리로 말해서 민망했어요.

저는 정말 열심히 뛰면서 공을 쫓아다녔는데
토리는 저에게 절대로 공을 넘겨주지 않았어요.
그래 놓고는 우리 팀이 3:1로 졌을 때,
"야, 느림보 너 때문에 졌잖아."라고 말했어요.
저는 화가 머리끝까지 차올라서 토리에게 달려들었어요.
토리를 밀쳐서 넘어뜨리는 순간,
선생님께서 놀란 얼굴로 뛰어오셨어요.
분명 토리가 먼저 잘못했는데 제가 더 크게 혼나고 말았어요.

 이렇게 해 봐

너무 화가 날 땐 행동하기 전에 잠깐 멈추자

친구가 나를 함부로 대하고 미운 말을 한다면 누구든 화가 날 거야.

싸움이 나든 말든 당장이라도 친구를 밀치고 싶지도 몰라.

하지만 그랬다가는 상황이 더 나빠질 수 있어.

이럴 때는 곧바로 행동하기 전에 잠시 멈추어서

나 자신에게 이렇게 물어봐.

'내가 지금 어떻게 해야 나 자신을 보호할 수 있을까?'

'무시하는 말은 그만하라고 단호하게 말해 볼까?'

'오히려 자리를 피하면 어떨까?'

이렇게 생각하는 시간을 가진 뒤에

행동하면 훨씬 지혜롭게 대처할 수 있단다.

한 걸 음 더 나 아 가 기

화날 때 멈추는 3단계 연습

화가 나면 곧장 말하거나 행동하고 싶을 때가 많아.

그럴수록 잠깐 멈추고 숨을 고르는 습관이 필요해.

그러면 내 마음을 지키고 상황을 바르게 풀어낼 힘이 생기거든.

아래의 '감정 조절 3단계'를 함께 연습해 보자.

화를 참거나 폭발하지 않고도

네 감정을 지혜롭게 표현하는 데 도움이 될 거야.

01

먼저 속으로 '멈춰!'
외친 다음
제자리에 서기

02

크게 세 번 숨쉬기
코로 숨을 들이마시고
입으로 '후우' 하고 내쉬어 봐.

03

스스로에게 물어 보기
'내가 지금 어떻게 하면 좋을까?',
'내가 지금 어떻게 해야
나 자신을 보호할 수 있을까?'

10 이럴때속상해요
아이들이 한 친구를 때리는데 무서워서 그냥 보기만 했어요.

어제 교실에서 일어난 일을 잊을 수 없어요.
친구들이 바울이를 때리는 걸 봤거든요.

처음에는 소리라도
질러야 하나 생각했는데
문득 이런 생각이 들었어요.

'그러다 나까지 맞으면 어쩌지.'
갑자기 무서워져서 그냥 보기만 했어요.

 이렇게 해 봐

방관자가 되지 말고 용기 내서 도움을 주자

친구가 괴롭힘을 당하는 것을 보았을 때 어떻게 해야 할까?
한 명이 용기 내어 도움을 주는 행동을 한다면 주변 친구들도 바뀔 수 있어.
그다음엔 또 다른 친구가 용기 낼 수 있게 되고, 반 전체가 점점 변화하게 될 거야.
아래 4가지 방법을 시도해 보자.

01 괴롭힘당하는 친구에게 다가가서 괜찮냐고 물어보기
"바울아, 괜찮아?"

02 괴롭히는 친구들에게 단호하게 말하기
"그만해. 다른 사람을 때리면 안 되잖아."

03 혼자 하기 어려우면 다른 친구들에게 도움을 요청하기
"얘들아, 좀 도와줄래?"

04 함께 어른에게 도움을 요청하기
"우리 같이 선생님께 가서 이야기할까?"

괴롭힘을 막는 우리만의 규칙

괴롭힘당하는 친구가 없는 반을 만들기 위해서
우리 반만의 규칙을 정해 보는 것도 좋은 방법이야.
혼자만의 문제가 아니라 우리 모두의 문제라는 걸 이해하고
함께 규칙을 만들어 보는 거야.

1) 우리는 다른 친구를 괴롭히지 않을 것이다.

2) 우리는 괴롭힘을 당하는 친구를 도울 것이다.

3) 우리는 혼자 있는 친구들과 함께할 것이다.

4) 만약 누군가가 괴롭힘을 당하는 걸 알게 된다면 우리는 학교나 어른들에게 이야기할 것이다.*

*출처: 노르웨이 심리학자 단 올베우스의 '학교 폭력 예방을 위한 4대 규칙'

반 아이들이 함께 약속을 만들고 잘 지켜지는지 서로 살펴보는 것도 중요해.
방관하지 않고 용기 내어 도와주는 것,
그게 우리 모두를 지키는 가장 강한 힘이라는 걸 꼭 기억하자.

똑똑한친구사이체크리스트 1
친구 사이에 필요한 행동과 말

친구 사이가 좋아지는 데 도움이 되는 행동이 있어. 이런 행동을 어떤 말로 실천할 수 있는지 살펴보고, 평소 친구에게 건네 본 적이 있는지 체크해 봐.

⭐ 감사 표현하기 ⭐

- ☐ "고마워! 네 덕분이야."
- ☐ "양보해 줘서 고마워."
- ☐ "네 의견을 이야기해 줘서 고마워."

⭐ 도움 제안하기 ⭐

- ☐ "내가 도와줄까?"
- ☐ "같이 하자."
- ☐ "우리 같이 해결 방법을 찾아볼까?"

☆ 공감과 관심 ☆

- ☐ "나도 그런 적 있어. 많이 속상하겠다."
- ☐ "화가 난 것 같은데, 무슨 일 있었어?"
- ☐ "너 요즘 많이 힘들어 보이던데, 괜찮아?"

☆ 격려와 칭찬 ☆

- ☐ "힘내! 나는 네가 잘할 수 있다고 믿어."
- ☐ "네가 열심히 하는 모습이 멋져."
- ☐ "네 장점이 정말 부러워."

☆ 갈등 해결하기 ☆

- ☐ "미안해, 내가 실수했네."
- ☐ "그럴 수 있지. 누구나 그럴 수 있어."
- ☐ "실수해도 괜찮아. 다음에 잘하면 되지!"

☆ 존중과 배려 ☆

- ☐ "네 생각은 어때?"
- ☐ "너는 어느 것이 더 마음에 들어?"
- ☐ "네가 그렇게 생각하는 이유를 말해 줄래?"

똑똑한 친구 사이 체크리스트 2
친구 사이에 피해야 할 행동과 말

친구 사이에 해서는 안 되는 행동이 있어. 이런 행동이 어떤 말로 나타나는지 알아보고, 혹시 친구에게 건넨 적이 있는지도 체크해 봐.

✿ 함부로 비난하기 ✿

- ☐ "넌 바보 같아."
- ☐ "넌 진짜 답답하다."
- ☐ "넌 왜 이것도 못 하니?"

✿ 놀림과 괴롭힘 ✿

- ☐ "넌 왜 그렇게 이상한 옷만 입고 다녀?"
- ☐ "너는 목소리가 너무 이상해."
- ☐ "넌 냄새 나니까 가까이 오지 마."

⭐ 따돌리기 ⭐

- ☐ "넌 우리랑 안 어울려."
- ☐ "너랑은 말도 하기 싫어."
- ☐ "너는 우리 모임에 오지 마."

⭐ 친구 탓하기 ⭐

- ☐ "네가 있어서 우리 팀이 졌어."
- ☐ "너는 왜 맨날 그런 실수를 해?"
- ☐ "너 때문에 다 망했잖아!"

⭐ 무시하기 ⭐

- ☐ "넌 그것도 모르니?"
- ☐ "네가 뭘 안다고 그래?"
- ☐ "그냥 조용히 있어."

⭐ 비아냥대기 ⭐

- ☐ "그래, 너 잘났다."
- ☐ "야, 내가 너 그럴 줄 알았다."
- ☐ "어쩌라고. 네 얘기 관심 없거든."

> 부모님께 드리는 말

상처 앞에서 무너지지 않도록
마음의 면역력을 키워 주세요

"우리 아이가 친구들 사이에서 상처받진 않을까요?"
"다른 아이가 우리 아이를 괴롭히면 어떡하죠?"
"아이에게 자기를 방어하는 방법을 가르쳐야 할까요?"

양육자분들과 상담하다 보면 자주 받는 질문입니다. 학교에서 돌아오는 아이의 표정이 어둡거나 "오늘도 혼자였어."라는 말을 꺼낼 때, 가슴이 철렁 내려앉고 대신 나서서 해결해 주고 싶은 마음이 들기도 합니다. '우리 아이가 받은 상처가 오래가지 않을까?' 걱정스럽고 불안하기도 하죠.

하지만 양육자가 아이 대신 학교에 가 줄 수도, 친구와의 갈등을 대신 풀어 줄 수도 없습니다. 이 시기의 아이들에게 진짜 필요한 것은 양육자가 대신 만들어 주는 완벽한 관계가 아니라 갈등을 겪고, 부딪히고, 스스로 회복해 보는 경험입니다. 친구 관계에서 겪는 어려움은 단순한 상처로 끝나지 않습니다. 아이를 더 단단하게 성장시키고 '스스로 이겨내는 힘'을 길러 주는 기회가 될 수 있어요.

이 책은 아이들이 친구 관계에서 자주 마주하는 10가지 갈등 상황을 바탕으로 싸우지 않고 상처받지 않으면서도 자기 마음을 지키는 방법을 구체적으로 안내합니다. 각 상황은 교육부와 이화여자대학교 학교폭력예방연구소가 제시한 '학교 폭력의 일곱 가지 유형(신체 폭력, 언어 폭력, 금품 갈취, 강요, 따돌림, 성폭력, 사이버 폭력)'과 연계해 구성하였습니다.

☹ 또래 갈등 유형별 해결 가이드 ☺

	문제 상황	학교 폭력 유형	해결 방법
1	친구가 놀리는 말에 과도하게 흥분할 때	언어 폭력	무반응으로 대처하기
2	친구의 부탁을 거절하지 못할 때	강요	자기 주장 훈련하기
3	단체 채팅방에서 놀림을 당했을 때	사이버 폭력	단서를 남기고 지지 체계인 어른에게 도움 구하기
4	친구들과 못 어울려 교실에 있기 힘들 때	따돌림	심리적 안전망으로써 안전한 공간을 확보하기
5	단짝 친구가 지속적으로 괴롭힐 때	따돌림	친구 관계 확장하기
6	외모로 놀림을 당해 자신감을 잃었을 때	언어 폭력	건강한 자기 표현을 훈련하기
7	불편한 신체 접촉을 참기만 할 때	신체 폭력	경계를 설정하고 약속하기
8	친구가 거짓으로 나쁜 소문을 퍼뜨릴 때	언어 폭력	사실 확인으로 신뢰 회복하기
9	친구에게 화나면 행동으로 표출할 때	언어 폭력	즉각적인 행동 멈추기
10	친구가 괴롭힘당하는 걸 보았을 때	따돌림	방관자가 아닌 함께 행동하는 주변인이 되어 목소리 내기

이 책이 양육자님께 '지금 내가 뭘 해 줘야 하지?'라는 막막함 대신 '이럴 땐 이렇게 도와주면 좋겠구나.'라는 따뜻한 확신을 건네길 바랍니다.

●● 양육자님께 드리는 제안

"아이가 친구 관계로 고민할 때 어떻게 해 주면 좋을까요?"

1. 질문보다 관찰로 말 걸어 주세요

"무슨 일이야?", "왜 그래?" 같은 질문은 아이가 마음을 열 준비가 안 된 상태에서는 오히려 대답을 강요하는 느낌이 들어 부담스러울 수 있습니다. 이럴 땐 아이의 표정이나 행동을 조용히 관찰하고 말로 표현해 주세요.
"오늘은 말이 좀 없네.", "평소랑 다르게 조용해서 조금 걱정됐어." 이렇게 관찰한 사실을 말해 주면 '너를 지켜보고 있어. 너에게 관심 있어.'라는 신호를 주면서 대화를 열 수 있는 자연스러운 통로가 됩니다.

2. 말보다 머물기가 먼저입니다

때로 아이와 함께 조용히 있어 주는 시간은 말보다 깊은 연결을 만듭니다. 굳이 말하지 않아도

함께 간식을 먹고 손잡고 산책하는 비언어적인 활동을 통해서 정서적 온기를 전달해 주세요. 이런 순간을 통해서 아이는 '말하지 않아도 괜찮은 안전한 관계'라는 신뢰를 느낍니다. 그 신뢰가 쌓이면 아이가 자연스럽게 먼저 입을 여는 순간이 찾아옵니다.

3. 해결보다 경험을 나누어 주세요

아이의 침묵을 억지로 깨려고 애쓰기보다는 양육자의 솔직한 경험을 나눠 주세요. "나도 어릴 때 친구랑 다투고 속상한 날이 많았어. 그땐 말하기가 참 어렵더라."처럼 좌충우돌 고민한 이야기로 물꼬를 틔워 주면, 아이는 판단에 대한 두려움을 내려놓고 편안하게 자기 이야기를 꺼낼 수 있습니다.

아이를 세상으로 내보낼 때 우리가 해 줄 수 있는 가장 든든한 준비는 넘어지지 않게 막는 것이 아니라, 때로 넘어져도 스스로 땅을 짚고 다시 일어설 수 있도록 마음의 면역력을 길러 주는 것입니다.

대한민국의 거실과 교실에서 아이들이 마음을 단단하게 키워 나가는 데
이 책이 든든한 동반자가 되기를 소망하며,
이현아

 **글 이현아**

16년 차 서울시 초등학교 교사이자 '좋아서하는어린이책연구회' 대표. 이화여자대학교 대학원에서 상담심리 전공 박사과정 중이며, 초등 교육 멘토로서 마음을 단단하게 키우는 교육 콘텐츠를 나누고 있습니다. 학교 독서 교육 분야 교육부 장관상과 제5회 미래 교육상 최우수상을 수상했으며, EBS 〈미래 교육 플러스〉, 〈교육 현장 속으로〉 등에 출연해 독서 교육 방법을 소개했습니다. 2015 개정 교육과정 교과서를 집필했고, 아이스크림연수원의 〈현아샘의 교실을 살리는 감정 수업〉을 비롯한 여러 베스트 강좌를 통해 5만 명이 넘는 교원 수강자와 만났습니다.

어린이의 말과 삶을 기록하며 학생, 교사, 양육자의 마음에 힘을 주는 통로의 역할을 해 왔습니다. 그 경험을 바탕으로 어린이를 향한 따뜻하고 깊이 있는 시선으로 글을 쓰고 있습니다. 쓴 책으로는 《감정을 안아 주는 말》, 《어린이 마음 약국》 등이 있으며, 《그림책 디자인 도서관》, 《슬픔은 코끼리》 등 40권 이상의 그림책을 우리말로 옮겼습니다.

인스타그램 @tongro.leehyeona

 **그림 서영**

나에게만 친절한 고양이에게 마음을 의지하며 그림책을 만들고 있습니다. 그린 책으로 《브로콜리지만 사랑받고 싶어》, 《언제나 다정 죽집》, 《오늘도 빵스타그램》, 《달님 송편》, 《나는 빛나는 3학년이야》 등이 있고, 쓰고 그린 책으로 《비 안 맞고 집에 가는 방법》, 《여행 가는 날》, 《주름 때문이야》, 《만약에 아주 만약에 말이야, 비가 엄청 많이 오면 어쩌지?》 등이 있습니다.

친구가 상처 줄 때 똑똑하게 나를 지키는 법

초판 1쇄 발행 2025년 5월 12일
초판 3쇄 발행 2025년 6월 15일

글 이현아 **그림** 서영
펴낸이 김태헌 **총괄** 임규근 **팀장** 전혜원 **책임편집** 석호주 **디자인** 조가을
영업 문윤식, 신희용, 조유미 **마케팅** 신우섭, 손희정, 박수미, 송수현 **제작** 박성우, 김정우
펴낸곳 한빛에듀 **주소** 서울특별시 서대문구 연희로2길 62 한빛미디어(주) 실용출판부
전화 02-336-7129 **팩스** 02-325-6300 **등록** 2015년 11월 24일 제2015-000351호 **ISBN** 979-11-6921-368-4 (73190)

이 책에 대한 의견이나 오탈자 및 잘못된 내용은 한빛에듀 홈페이지나 아래 이메일로 알려주십시오.
파본은 구매처에서 교환하실 수 있습니다. 책값은 뒤표지에 표시되어 있습니다.
한빛에듀 홈페이지 edu.hanbit.co.kr **이메일** edu@hanbit.co.kr

Published by HANBIT Media, Inc. Printed in Korea
ⓒ 이현아, 서영 2025
이 책의 저작권은 저자와 한빛미디어(주)에 있습니다. 저작권법에 의해 보호를 받는 저작물이므로 무단 복제 및 무단 전재를 금합니다.

지금 하지 않으면 할 수 없는 일이 있습니다. 책으로 펴내고 싶은 아이디어나 원고를
메일(writer@hanbit.co.kr)로 보내 주세요. 한빛미디어(주)는 여러분의 소중한 경험과 지식을 기다리고 있습니다.

 제품명 친구가 상처 줄 때 똑똑하게 나를 지키는 법 **제조사명** 한빛미디어(주) **제조국** 대한민국 **전화번호** 02-336-7129
제조년월 2025년 6월 **대상연령** 8세 이상 **주소** 서울시 서대문구 연희로2길 62
주의사항 책의 모서리에 다치지 않게 주의하세요. * KC마크는 이 제품이 공통안전기준에 적합하였음을 의미합니다.